Das Kloster von Batalha ist aufgrund seiner architektonischen und historischen Bedeutung eines der wichtigsten Denkmäler des portugiesischen Kulturerbes. Diese Wichtigkeit wurde auch im Ausland erkannt und so kam es, daß das Kloster 1985 von der Unesco auf die Liste der zum Weltkulturerbe gehörenden Denkmäler gesetzt wurde.

Historisch gesehen ist das Kloster eng verbunden mit Ereignissen, die Ende des 14. und während des 15. Jh. das Leben in Portugal prägten. Dieses groß angelegte architektonische Vorhaben des Königs João I wurde zum "Triumpfbogen" seiner Macht und zum monumentalen Symbol der neuen regierenden Dynastie, deren erster Vertreter er war und die eine neue Ära in der Geschichte Portugals einläutete.

Der Bau des Klosters wurde von König João I (1385-1433) angeordnet als Dank für die Hilfe der Jungfrau Maria bei dem entscheidenden Sieg über den König von Kastilien, Anwärter auf den portugiesischen Thron, in der Schlacht von Aljubarrota (14.08.1385). Daher hat das Kloster seinen ursprünglichen Namen Santa Maria da Vitória (Heilige Maria des Sieges), bekannter als Mosteiro da Batalha (Kloster der Schlacht). Kaum hatten die Vorbereitungen zum Bau des Klosters begonnen, da vermachte der König es den Mönchen des Predigerordens des Heiligen Dominik (im April 1388). Es blieb in ihrem Besitz bis zur per Dekret verordneten Abschaffung religiöser Orden im Jahre 1834.

Künstlerisch gesehen ist das Kloster einer der interessantesten gotischen Bauten Europas aus dem 15. Jh. Von Struktur und Dekor her weist es Gemeinsamkeiten mit der internationalen Gotik auf und entfernt sich größtenteils von der Architektur der portugiesischen Baukunst.

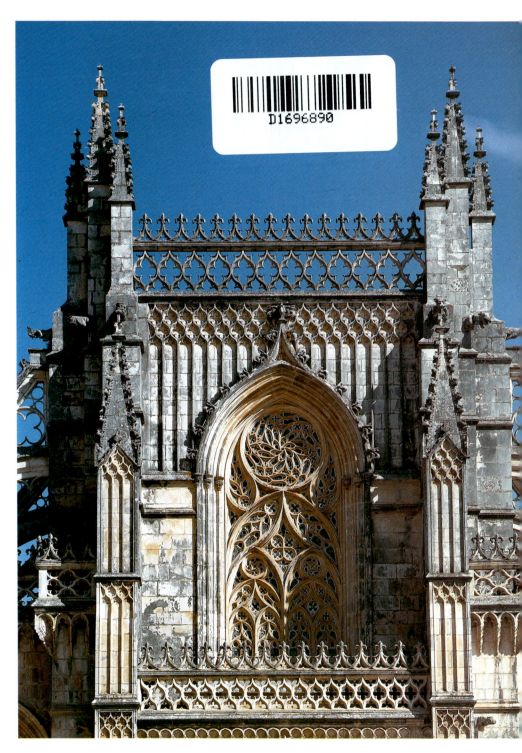

Hauptfassade – Kirchenfenster

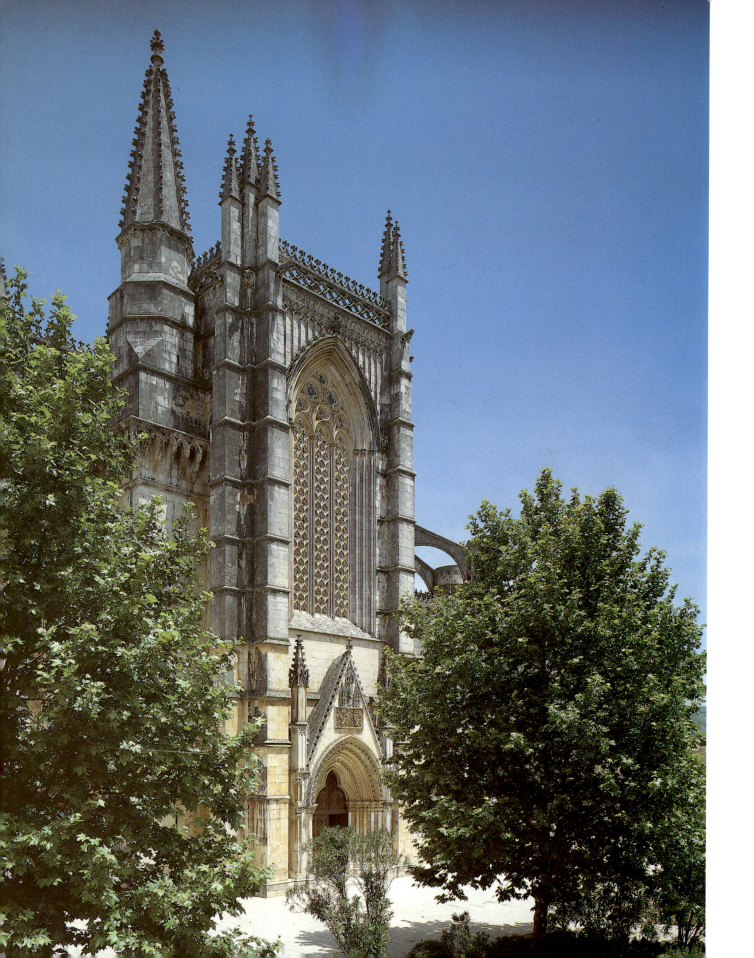

Diese ist anfänglich stark von der Demut der Bettelmönche geprägt, ist sparsamer, schlichter, weniger komplex in der Ausschmückung.

Das Kloster von Batalha führte in Portugal neue architektonische Ansätze ein und beeinflußte damit verschiedene darauffolgende Bauwerke. Der neue Stil zeigt sich im Äußeren der Kirche; bemerkenswert ist vor allem die Fassade, die durch die Komplexität ihrer Struktur ebenso wie durch die dekorative Üppigkeit ins Auge fällt. Das französisch beeinflußte vollständig mit Skulpturen versehene Portal ist einzigartig in Portugal. Es zeigt religiöse Themen wie Christus und die Evangelisten im Thympanon, Engel, Propheten, Könige

Südfassade – Portal und Kirchenfenster des Querschiffs • Hauptportal – Konsolen • Hauptportal – Apostelfiguren

Israels und Heilige in den Archivolten, die Apostelfiguren zu beiden Seiten des Portals auf Konsolen, heraldische, figürlich-narrative und florale Motive schmücken sie. Das äußere Bild der Kirche wird von hohen, lichten Fensteröffnungen, die mit Spitzen gleichendem Maßwerk und buntem Fensterglas ausgestaltet sind, dominiert. Diese Bauweise wurde durch die neuen gotischen Bautechniken möglich. Zwei große Kirchenfenster heben sich besonders ab: das der Hauptfassade und das über dem Portal des Querschiffs. Dieses Portal weist traditionellere Bauelemente auf (die Art der Bögen, die Ausschmückung, das Fronton). Man nimmt an, daß es aus einer frühen Bauphase stammt, die der damals in Portugal üblichen Architektur noch mehr verbunden war. Von Außen sieht man die Strebebögen, die den Gewölbedruck der Bedachung des am höchsten gelegenen Mittelbaus auffangen. Außerdem sind die Terrassen zu sehen, welche die gesamte Kirche umgeben, ebenso wie die polygonale Form der Grabkapellen des Pantheons von König Duarte. Im gesamten Bauwerk (Hauptfassade, Einfassungen, Friese, Fenster und Fensterschlitze) kommt eine große Lust an der Verzierung zum Ausdruck, dabei werden systematisch Ornamente aus der Gotik verwandt (Dreipasse, Vierpasse, Lilien). Die Strebepfeiler und Gewölbepfeiler enden in pyramidenförmigen Giebeln, die mit Rosetten verziert sind. Begonnen wurde der Bau der Kirche im Jahre 1388 und abgeschlossen im ersten Viertel des 15. Jh. Baumeister waren nacheinander Afonso Domingues und Huguet. Ersterer war Portugiese und möglicherweise war er es, der den ersten Entwurf des Klosters erstellt hat. Er hat jedenfalls dessen Erbauung von Baubeginn bis Anfang des 15. Jh. geleitet. Huguet, der ausländischer Herkunft und Ausbildung (Ire? Katalane? Flame?) war, arbeitete während mindestens 37 Jahren an der Erbauung des Batalha Klosters. Er wird wohl den Entwurf verändert haben und wird als Autor der wichtigsten architektonischen Neuerungen gesehen, die bis 1438 ausgeführt wurden.

Kirche – Terrassen, Strebebögen, Giebel

Unvollendete Kapellen – Außenarsicht

Die Kirche ist eine der größten, die in Portugal im Mittelalter gebaut wurden. Ihre Ausmaße (mehr als 80 m lang und mehr als 32 m hoch) beeindrucken den Besucher, vor allem wenn er sie mit anderen portugiesischen Bauten aus der Gotik vergleicht (von einer Ausnahme abgesehen: Alcobaça). Aber ihre eindrucksvolle Größe war ihrem Nutzungszweck gar nicht angemessen, da die Gemeinschaft der Dominikaner zu keinem Zeitpunkt so zahlreich war, als daß die Größe gerechtfertigt gewesen wäre. Verständlich wird sie vor dem Hintergrund der ehrgeizigen Absichten von König João I: Er schuf durch diesen gewaltigen Bau vielmehr einen Ausdruck seiner Macht und ein königliches Pantheon als ein Gebäude zur klösterlichen Nutzung. Der Grundriß der Kirche ist sehr schlicht, wie ein lateinisches Kreuz angelegt und die Verbindung der Räume untereinander von großer Klarheit.

Der Raum ist in drei Schiffe unterteilt, wobei die Seitenschiffe schmaler und niedriger sind als das Hauptschiff. Die Schiffe führen zum Querhaus, wo sich an der Vierung der Hochaltar befindet. Dahinter liegt der Chor, dessen Abschluß fünf Kapellen bilden. Die mittlere Kapelle (Hauptkapelle) unterscheidet sich von den anderen dadurch, daß sie größer ist. Dies ist eine der wenigen zweistöckigen portugiesischen Kirchen. In die Fensterschlitze ist buntes Fensterglas eingesetzt, auf dem das Leben der Jungfrau Maria und das Leiden Christi abgebildet ist. Das Mittelschiff ist von den Seitenschiffen durch mit großen und kleinen Säulen besetzte und in skulpturierten Kapitellen endende Pfeiler getrennt.

Die großen Fenster entlang der Seitenschiffe und im zweiten Stockwerk des Hauptschiffes sind mit Verzierungen aus Stein und buntem Fensterglas ausgeschmückt. Auch wenn man heute weiß, daß bunte Kirchenfenster durchaus schon im 15. Jh. verwandt wurden, so

Kirche – Hauptapsis

stammen diese doch größtenteils aus dem 19. und 20. Jh. Die gesamte Kirche ist mit Gewölben überspannt, dem für die Gotik charakteristischen Kreuzgewölbe aus Spitzbögen.

Eine der Kapellen des Chors ist mit der Sakristei verbunden. Neben ihr befindet sich die Casa da Prata (Haus des Silbers), in dem der Klosterschatz aufbewahrt wurde. Er bestand aus einer großen Zahl religiöser Gegenstände, die entweder aus Silber oder aus vergoldetem Silber waren, von Kreuzen und Kelchen bis hin zu Weihrauchfässern und Hostienschreinen. Vervollständigt wurde er durch kostbare Stoffe und Paramente. Fast alle Gegenstände waren Schenkungen der Könige, Königinnen und Prinzen, von König João I bis hin zu König Manuel. Von diesem bedeutenden Schatz an Arbeiten der religiösen Goldschmiedekunst des 15. und 16. Jh. ist nichts erhalten geblieben. Die Kostbarkeiten und reichen Paramente wurden vermutlich zu besonderen Anlässen, während wichtiger religiöser Feierlichkeiten des Klosters benutzt. Die beeindruckendsten müssen wohl die Totenfeierlichkeiten anläßlich der Begräbnisse von Königen und Prinzen gewesen sein. Viele davon wurden mit großem Prunk begangen und Angehörige der königlichen Familie, des Adels, des hochgestellten Klerus und der Kirchenhierarchie waren anwesend.

Die Klosterkirche ist mit der Gründerkapelle verbunden, die an sie angebaut ist. Es handelt sich hierbei um eine Grabkapelle, die man 1426 schon zu bauen begonnen hatte und um 1433/34 fertigstellte. Sie wurde nach dem Willen von König João I errichtet und sollte als Grabstätte für ihn, seine Gemahlin Königin Philippa von Lancaster und beider Nachkommen dienen. Dieser Teil des Bauwerks ist voller historischer und künstlerischer Bedeutung. Zum ersten Mal wird mit ihm ein Ort geschaffen, der eigens zum königlichen Pantheon bestimmt ist. Die

Kirche – Mittelschiff

Kirche –
Erhöhung des
Mittelschiffs und
des nördlichen
Seitenschiffs

Gründerkapelle – Sterngewölbe

architektonischen Merkmale dieser Kapelle sind in Portugal neu und stellen einen Fortschritt der Baukunst dar. Die bildhauerischen Innovationen führen zu einer neuen Art von Grabmal mit Liegefiguren, die paarweise angeordnet oder in ein Gesims eingebettet sind.

Die Ausführung der Kapelle obliegt Meister Huguet, der hier seine anzunehmende ausländische Ausbildung zur Anwendung bringt. Der Raum baut auf der Verbindung von zwei Grundrissen auf. Der eine ist quadratisch und sowohl breiter als auch niedriger als der andere, der achteckig ist. Dieses Oktogon erhebt sich zweistöckig in der Mitte des quadratischen Unterbaus und schließt mit einem achtendigen Sterngewölbe ab, dessen skulpturierte Schlußsteine die Rippen miteinander verbinden. Der mittlere stellt das von zwei Engeln gehaltene Wappenschild von König João I dar. Auch hier viele große Fenster, mit buntem Fensterglas bestückt und das Oberlicht verziert. Im Oktogon befinden sich die Sarkophage von König João I und Königin Philippa, auf den Sarkophagdeckeln das Herrscherpaar als Liegefiguren. Am Rande der Deckplatten sind Grabinschriften auf Latein eingraviert, die sich auf ihre Verdienste und Taten

Gründerkapelle – Bögen des zentralen Oktogons

Gründerkapelle –
Sarkophag von König João I und Königin Philippa von Lancaster

Gründerkapelle – Außenansicht

beziehen. An den Seitenwänden befinden sich die Grabstätten der Söhne des Königspaares. Sie stammen aus dem ersten Viertel des 15.Jh. Von rechts nach links sehen wir hier die Grabmäler von Prinz Pedro und seiner Gemahlin, der Herzogin von Coimbra, Prinz Heinrich der Seefahrer (mit Liegefigur), Prinz João und seiner Gattin Isabel, Tochter des ersten Herzogs von Bragança, Prinz Fernando, der den Ruf eines Heiligen erlangte, als er in fremder Gefangenschaft in Fez starb.

Die Kirche bietet einen direkten Zugang zum Königlichen Kreuzgang, der an das nördliche Seitenschiff anschließt. Begonnen wurde er im letzten Jahrzehnt des 14. Jh. und da sich die Bauarbeiten hinzogen, war er in der zweiten Hälfte des 15. Jh. immer noch unvollendet. Dieser Umstand führte dazu, daß vier Baumeister an ihm arbeiteten, wenn auch das Hauptwerk unter Afonso Domingues und besonders unter Huguet entstand. Im 16. Jh., unter der Herrschaft

Ansicht des Königlichen Kreuzgangs – Manuelinische Ausschmückung des Bogens

von König Manuel wurden die Zwischenräume der Bögen bildhauerisch gestaltet.

Diese eröffnen die Sicht auf den in der Mitte des Kreuzgangs gelegenen Platz. Entlang der Arkaden befinden sich heute noch vier Gebäude, die für das Klosterleben von grundlegender Wichtigkeit waren: der Kapitelsaal, das Dormitorium, das Refektorium und die Küche. Der Kapitelsaal vereinigt aufgrund seiner Wichtigkeit, die größten strukturalen und dekorativen Anstrengungen. Mit dem Bau des zweiten Kreuzgangs wurde das Dormitorium dorthin verlegt und der frei gewordene Raum anderweitig genutzt. Uns ist er überliefert als "Adega dos Frades" (Klosterschenke). In der Nähe des Refektoriums befindet sich das

Brunnenhaus, in dem sich die Mönche vor und nach den Mahlzeiten wuschen. Die Mahlzeiten wurden gemeinsam eingenommen, während einer der religiösen Männer von einer heute noch existenten Kanzel in der Mitte des Saales aus biblische Texte vorlas. Die Teller und andere Utensilien wurden durch eine Öffnung in der Mauer zur Küche, deren Spuren heute noch sichtbar sind, hindurch gereicht. Im ehemaligen Refektorium ist jetzt das "Museum der Gaben für den Unbekannten Soldaten" untergebracht. Über den Galerien des Kreuzganges erheben sich Terrassen, von denen aus man den „Storchenturm", die Treppenhäuser im Inneren und die übrigen Terrassen der Kirche erreichen kann. Dieser Turm, der sich über den Kreuzgang erhebt, ist ein großer gotischer Spitzturm und erinnert an andere Türme dieser Art, die ein geläufiges Erscheinungsbild der damaligen nordeuropäischen Architektur waren.

Dieser Kreuzgang ist das letzte in die Tat umgesetzte Bauwerk aus den Plänen von König João I. Sie alle (die Kirche, die Gründerkapelle, der Königliche Kreuzgang) zeichnen sich durch einen gemeinsamen Stil

Ansicht des Königlichen Kreuzgangs (Storchentrum) • Arkaden • Brunnen

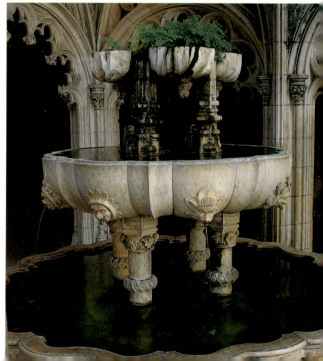

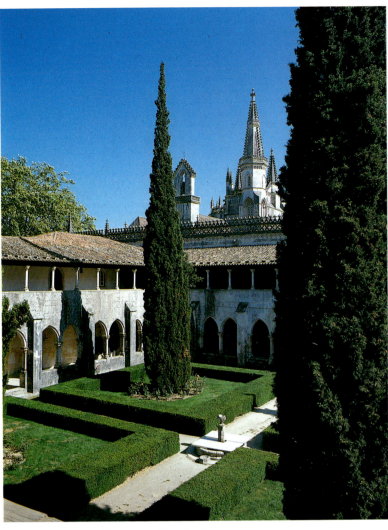

Ansicht des König Afonso V Kreuzgangs – Obere Arkaden

aus, wenngleich sie unterschiedliche technische und dekorative Details vereinen. Ein einheitlicher Eindruck von diesem Teil des Klosters entsteht durch die ausgeprägte Lust an der Verzierung, die diesem Teil des Klosters gemein ist.

Nach dem Ende der Herrschaft von König João I wurden die Arbeiten am Kloster fortgesetzt, wobei nach und nach Neues hinzugefügt wurde. Ein zweiter Kreuzgang, neben dem ersten gelegen, wurde errichtet und somit auch die Anzahl der Klosterräume erhöht. Er wird König Afonso V Kreuzgang genannt und man nimmt an, daß es dieser König war, der ihn bauen ließ. Die Bauleitung oblag dem Meister Fernão de Évora, der von ca. 1448 bis 1477 für die Erbauung Batalhas zuständig war. Es ist einer der ersten zweistöckigen Kreuzgänge in Portugal. In den die Arkaden umgebenden Räumen im Erdgeschoß waren der Vorratsraum, das kleine Refektorium, der Raum für den Holz- und Olivenölvorrat, das Kelterhaus und die Werkstätten der Arbeiter des Klosters samt Abstellraum untergebracht. Im oberen Geschoß befanden sich Dormitorien, der Krankensaal und die Bibliothek. Nach der Abschaffung religiöser Orden (1834) wurden diese Räumlichkeiten für andere Zwecke genutzt und daher so umgebaut, daß nichts mehr an ihre ursprüngliche Funktion erinnert. Heute befinden sich hier öffentliche Räume und Büroräume des Klostermuseums. Die architektonischen Merkmale des König Afonso V Kreuzgangs sind, obschon immer noch gotisch, sehr verschieden von denen des ersten Kreuzgangs. Als Reaktion auf den Geschmack zur Zeit von König João I ist dieses Bauwerk einfacher strukturiert und deutlich enthaltsamer verziert. Den üppigen Ornamenten werden klare, geometrische Linien vorgezogen. Merkmale der Frühgotik werden scheinbar wieder aufgenommen, geprägt von der Demut der Bettelmönche. Dadurch wird fälschlicherweise der Eindruck erweckt, der

zweite sei der frühere von beiden Kreuzgängen. Der König Afonso V Kreuzgang ist der Versuch, neue Wege zu finden und führt im Batalha Kloster eine neue Tendenz der Spätgotik ein. Diese beeinflußte andere portugiesische Bauwerke der Epoche.

Während der Herrschaft von König João III (1521-1557) wurde auf Verlangen der Mönche eine beträchtliche Zahl von Nebengebäuden errichtet. Von diesen Gebäuden steht keines mehr. Sie beherbergten Dormitorien, ein Gästehaus, eine Schule, Geräteschuppen, Scheunen,

Ställe und einen Kornspeicher. Sie erstreckten sich auf einer großen Fläche hinter dem Kloster, östlich vom König Afonso V Kreuzgang, mit dem sie verbunden waren. Heute ist dies der Hof, durch den man zu den Unvollendeten Kapellen gelangt. Im Jahre 1808 und 1810 lagerten die Truppen von Napoleon Bonaparte im Kloster. Sie plünderten, entehrten Gräber, zerstörten Altäre und 1810 legten sie in einem Teil des Kreuzgangs Feuer und zerstörten damit Dormitorien, das Gästehaus und die Bibliothek. Jener Teil des Klosters wurde schwer beschädigt. Er

wurde nie wieder aufgebaut und als man das Bauwerk restaurierte, riß man die übriggebliebenen Mauern ab. Auch andere Gebiete und Gebäude, die immer schon direkt mit dem Klosterleben verbunden waren, existieren nicht mehr. Der Klostergarten mit seinen Anbauflächen, der Gemüsegarten, der Weinberg, der Obstgarten und der Eichen- und Korkeichenwald wurden 1835 in einer öffentlichen Versteigerung verkauft. Während unseres Jahrhunderts verschwand die kleine gotische Kirche Santa Maria a Velha (Heilige Maria die Ältere) und der dazugehörende Kreuzgang. Sie wurde während des Klosterbaus lange Zeit von den Dominikanern zur Ausübung einiger ihrer klösterlichen Tätigkeiten genutzt. Im 15. Jh. wurden dort die Gottesdienste für die Bevölkerung des Orts (die im Schutze des Klosters geboren war) abgehalten. Dort wurden außerdem viele der Handwerker, die am Kloster mitgearbeitet hatten, beigesetzt, unter ihnen auch Huguet und Boitaca.

Die Unvollendeten Kapellen werden für gewöhnlich zu allerletzt besichtigt. Wie der Name verrät, wurden sie, obwohl fast hundert Jahre lang an ihnen gebaut wurde, nie fertiggestellt. Der Bau wurde vermutlich im Jahre 1437 begonnen und im Jahre 1533 eingestellt. Die Gründe für diese Unterbrechung der Bauarbeiten sind unklar. Es handelt sich um eine monumentale Grabkapelle, deren Bau von König Duarte veranlaßt worden war. Zu diesem Zweck hatte er im April 1437 den notwendigen Grund und Boden, hinter der Hauptkapelle der Kirche, erworben. Es gibt keine weiteren Unterlagen über die Geschehnisse jener Zeit, aber es scheint, daß König Duarte dieses Bauwerk nicht nur als Grabstätte für sich selbst sondern auch für seine Nachfolger vorsah. So wiederholt sich hier die Idee eines königlichen Pantheons und verstärkt damit den symbolischen und monumentalen Charakter des Klosters. In der Tat hatten die Könige Afonso V und João II Batalha zu ihrer Grabstätte erwählt und vermutlich ebenso König Manuel I bis er sich dann im Jahre 1517 doch für das Hieronimus Kloster entschied. Die Nachkommen von König Duarte wurden, während das großartige duartische Pantheon noch im Bau befindlich war, "vorläufig" an verschiedenen Orten im Kloster beigesetzt (in den Kapellen des Chors, im Kapitelsaal). Erst in unserem Jahrhundert wurden i h r e sterblichen Reste in die Gründerkapelle überführt und die Grabstätte von König Duarte und seiner Gemahlin, Königin Leonor von Aragon in die Unvollendeten

Kapellen verlegt. Der Entwurf des Bauwerks stammt von Huguet, der 1438 starb, und wurde vermutlich von Martim Vasques dem gotischen Stil Huguets getreu ausgeführt. König Manuel veränderte den ursprünglichen Entwurf und verlieh dem Pantheon eine größere Monumentalität..Aus seiner Zeit stammt das prunkvolle Portal, welches vollständig mit Skulpturen versehen ist und in den ersten Jahren des 16. Jh. vollendet wurde. Es ist unter der Leitung eines großen Meisters der manuelinischen Zeit, Mateus Fernandes entstanden, der auch den Entwurf erstellte. Die Gewölbe der sieben Grabkapellen, die ebenfalls zur Zeit König Manuels fertiggestellt wurden, sind mit Schlußsteinen versehen, in die Wappenschilde und Embleme gehauen sind, die uns verraten für wen die Kapelle bestimmt war. Unter der Herrschaft von König João III versuchte man die riesigen, mit floralen Motiven geschmückten Fenster

Unvollendete Kapellen – Portal (Innenansicht)

des oberen Geschosses durch neue, aktuellere zu ersetzen. Damals, 1533, wurde auch über das Portal eine Renaissance Loggia gesetzt, vermutlich das Werk des Architekten João de Castilho Ungefähr 150 Jahre liegen zwischen dem Beginn des Kirchenbaus (1388) und der Loggia der Unvollendeten Kapellen.

Eineinhalb Jahrhunderte lang war das Kloster von Batalha, Monument par excellence von König João I und der Avis Dynastie, eines der wichtigsten portugiesischen Kunstwerke. Es steht für neue Etappen in der Entwicklung unserer gotischen Architektur und ist, zu einem Zeitpunkt, da sich das Mittelalters seinem Ende zuneigt und eine neue Welt beginnt, eines der wichtigsten Werke der manuelinischen Epoche.

Unvollendete Kapellen –
Renaissance Loggia

Unvollendete Kapellen –
Sclußstein des Gewölbes
einer der Kapellen

Sergio Guimarães de Andrade 1991